身近なグリーンで作る、飾る
インテリア小物&プチアレンジ

クラフト作家・園芸家
鴨下ふみえ

X-Knowledge

CONTENTS

CHAPTER 3

1時間以内でできる
手作り雑貨

CHAPTER 4

チャレンジしたい！
季節の手作りインテリア

Staff

アシスタント　　小嶋真紀子

撮影　　　　　　蜂巣文香（カバー、作品）
　　　　　　　　竹田正道（プロセス、物、コラム♯3）

文　　　　　　　唐澤理恵

ブックデザイン　米倉英弘（細山田デザイン事務所）

DTP　　　　　　横村 葵

印刷　　　　　　図書印刷

掲載協力

アクタス・新宿店 ☎03-3350-6011

アクメ ファニチャー 渋谷店 ☎03-5728-5355

カラーワークス　☎03-3864-0820

ジャーナル スタンダード ファニチャー 渋谷店 ☎03-6419-1350

八幡化成株式会社　☎0575-67-1175

○費用の目安表記は購入時の情報、税抜です。販売単位が多量の素材は、作品ひとつあたりの単価まで割り切れず、高めに表記している場合がございます。また、演出用の小道具や花材は含んでおりません。
○本書のデータは2016年3月現在のものです。商品やショップに関する情報は予告なく変更されることがありますので、ご利用の際には予め確認されることをおすすめします。

CHAPTER 1

15分以内でできる
雑貨とアレンジ

切り花、鉢植え、多肉植物にドライ素材。
身近な材料、今ある不要品を使ってできる、
簡単ひと手間のハンドメイドをご紹介します。
ひとつあたりおよそ15分、
お子さんと一緒にできる作品も用意しました。

ドライスパイスをインテリアに
ナチュラルマグネット

素材感をシンプルに楽しむ、ナチュラルテイストのマグネット。無表情な家電や金属ラックにつければ、ぐっとこなれた雰囲気に。メモやレシピを挟むのはもちろん、飾るだけでもかわいいアクセントになります。

作り方

1 ドライ素材と、それと同じくらいかひとまわり大きいボタンを用意。ボタンの素材は問いませんが、マグネットやドライ素材を貼りやすいよう、平べったい形状のものを選びましょう。
コートのスペアボタンなど、眠ったままのお気に入りがあれば利用するのも手。

2 ドライ素材を接着剤でボタンの表側に貼る。
接着剤がドライ素材からはみ出さないように注意。

3 ボタンの裏側に両面テープでマグネットを貼る。

材料

工作用マグネット：両面テープ付きのもの。100円ショップで購入可能

ドライ素材：今回はスターアニス

ボタン：ドライ素材より大きいもの。今回はφ3.5cm程度のもの

道具

接着剤：多用途強力セメダインなど

POINT
つけはずしは
ボタンを持って
大きいボタンを使えば、壊れやすいドライ素材を直接触らずに済むので気兼ねなく使えます。

ボタンの素材や色によって
表情もいろいろ。ドライス
パイスは、食用のほか手芸
用としても売られています。

制作時間
15分

費用の目安
400円〜

贈り物にも

日陰でも
OK

グリーンも贈れる手軽なアレンジ
プレゼントに添える
ミニリース

フレッシュなアイビーを使った簡単リースで、プレゼントをドレスアップ！　アイビーは水に浸けておくとツルから発根するので、贈った後も長く楽しんでもらえます。

作り方

1 アイビーの枝を好みの長さに切る。ボリュームを出したい場合は、輪にしたとき2重に巻ける長さをとるか、2〜3本の枝を用意。シンプルに仕上げたい場合は、リースの大きさ1周分の長さでOK。

2 枝を輪にして、短く切ったワイヤーで数か所留める。 POINT

3 プレゼントにかけるリボンや紐で、リースを結びつけて飾る。

※アイビーは、切ってから時間が経つとしんなりしてしまうので、贈る直前に作りましょう。

材料

アイビー
細めのワイヤー

道具

はさみ

写真の花材

（P.9左手前から時計周りに）**ローズマリー、アイビー（ピッツバーグ）、アイビー（ピッツバーグ）、アイビー（ゴールデン・チャイルド）**

POINT

留め方はきゅっとねじるように

ボリュームのあるリースは、ワイヤーで型崩れを防止。きれいな円になるよう、約5㎝間隔で4箇所ほど留めるのが目安です。

アイビーの代わりにローズ
マリーやラベンダーを使え
ば、香りも楽しめます。

鉢のアクセントにぴったり！
クッキー型の
プランツマーカー

ポケットファイルの表紙を使った、かわいいプランツマーカー。しっかり土に挿して固定できるから、植物の世話をするとき、ずれたり取れたりすることもありません。

🕐 制作時間
15分

¥ 費用の目安
200円〜

🔄 リユース材料
を使える

😊 子どもにも
作れる

作り方

1 クッキー型を型紙のようにしてポケットファイルの表紙に当て、色鉛筆などで形をとる。

2 土に挿す足の部分（付け根の幅約1.5cm、長さ約8〜10cm程度。先はとがらせる）を付けたしてから、線に沿って切り抜く。一度ざっくりとまわりを粗裁ちしてから線に沿って切るとラク。

3 土に挿す部分の中心に定規を当て、はさみの刃先を使って強くスジをつける。 POINT

4 3で付けたスジを手で山折りにする。こうすることで土に挿しやすくなる。

材料

ポケットファイル：100円ショップで購入可能

クッキー型

道具

はさみ
定規
色鉛筆

写真の多肉植物

（P.11左手前から時計周りに）**チワワエンシス、乙女心、チワワエンシス、姫紅花月、黄麗**

POINT

はさみは強めに
押しつけて！

スジをつけるときは、刃先を強めに押しつけると、しっかりした折り目に。ただし、強すぎると割れてしまうので力加減に注意！

お気に入りのクッキー型な
ら、かわいいシルエットを
簡単に取ることができます。

窓辺のグリーンにひっかけて
スワン型の
サンキャッチャー

お天気の日は、部屋中にキラキラ反射する光にうっとり。軽い素材なのでグリーンを傷めず、日々の世話も楽しくなりそうなシンプルデザインのサンキャッチャーです。

作り方

1 アルミワイヤーを好みの長さに切り、スワン型に曲げる。写真では約20cmに切って作成。手描きの型紙を作り、それに合わせて形を作るとうまくいく。POINT

2 アルミワイヤーの不要な部分を切り落とす。

3 クリアパーツの穴にテグスを通し、先端を結んで、アルミワイヤーにひっかけるための輪を作る。

4 スワン型のアルミワイヤーの上部に、テグスを結びつけて輪を作り、グリーンに吊せるようにする。

5 3のクリアパーツを、スワン型の先端の輪に下がるように吊す。

材料

テグス
アルミワイヤー：太さ約2mmのシルバータイプ。100円ショップで購入可能
クリアパーツ：テグスを通すため穴があるもの

道具

はさみ
ラジオペンチ

写真の観葉植物

ウンベラータ

POINT
型紙があると
きれいな形に
ワイヤーは、型紙を作り、なぞるように曲げるときれいに仕上がります。できるだけ一気に曲げると、余計なクセがつきません。

いくつか作って連結しても
OK。ワイヤーが柔らかい
ので、型取りも簡単です。

花生けができるゼリーを使って
フラワープレート

最近では100円ショップでも売っている、植物を育てたり花を生けたりできるジェルポリマー。庭の花やいただきもののミニブーケを使ってささっと作れる、おもてなしにぴったりのアレンジです。

 制作時間
15分

 費用の目安
400円〜

 日陰でも
OK

 子どもにも
作れる

作り方

1 大皿の上に中皿を乗せ、中央にキャンドルを置く。
園芸用ゼリーを敷けるよう、キャンドルの周りは約5cm以上の余白をとっておく。 POINT

2 キャンドルの周りに園芸用ゼリーを敷く。
園芸用ゼリーがボールタイプしかない場合、袋の上から揉んで潰し、クラッシュゼリー状にして使うと、生花や葉のおさまりがよい。
2色のゼリーを混ぜてもかわいく仕上がる。

3 生花や葉をゼリーに挿す。日持ちは、水に生ける場合と同等が目安。

材料

キャンドル：太めのものがおすすめ
園芸用ゼリー：100円ショップで購入可能
生花や葉
大皿：今回は直径27cm
中皿：ゼリーやキャンドルを乗せてもかまわないもの。今回は直径17cm

道具

はさみ

写真の花材

ビオラ、アイビー

POINT
皿の組み合わせで
印象をチェンジ
ガラスや陶器といった素材の違い、柄や色の違いなど、皿の組み合わせ次第で、印象をがらりと変えることができます。

自宅にある生花や葉を使う
のはもちろん、市販のミニ
ブーケを利用しても。

土隠しにもなる簡単アレンジ
多肉植物の雪飾り

冬場、室内に取り込む多肉植物にかわいいデコレーションを施して。ふわふわの雪をまとったような姿は季節感たっぷり。見せたくない表面の土をおしゃれにカバーします。

制作時間
5分

費用の目安
300円〜

贈り物にも

子どもにも
作れる

作り方

1 多肉植物のまわりの土の部分を埋めるようにして綿を乗せる。

2 綿を押さえるようにまち針を刺していく。深さは、先端のパールが綿に埋まらず見える程度。
まち針は規則正しく並べるより、ランダムに配置するとナチュラルに仕上がる。POINT

※室内で育てる注意点

多肉植物は本来外で育てる植物ですが、最近ではインテリアとして室内に置く人も増えています。

室内の場合、日の差す窓辺に置くか、ときどき外に出し日光浴をさせるなど、なるべく日に当てる工夫をしましょう。

ただし、真夏日が続く季節は直射日光を避け、涼しい場所へ移した方がよいでしょう。

材料

多肉植物
手芸用の綿
先端がパールタイプのまち針

写真の多肉植物

花月夜

POINT

パールの頭を
ちょこんと見せて

まち針は、パールタイプの淡い色のものを使うと上品な印象に。色や形の異なるまち針で、組み合わせを楽しんでも。

手持ちの多肉植物の印象が
ガラッと変化。ふんわり優
しい雰囲気に。

"巻き結び"で作るからゆるまず安心
ひっかけベース

初心者でも慣れれば簡単な"巻き結び"をインテリアに活用。本格的なロープワークなのでゆるまず、瓶を吊るしても大丈夫。高さを変えていくつか吊るせば、おしゃれ度がぐんとアップします。

制作時間
15分

費用の目安
450円〜

日陰でも
OK

リユース材料
を使える

作り方

1 好みの長さの麻紐の中央部に輪を2つ作り、右の輪を左の輪の上に重ねる。重ねた2つの輪に瓶の口を通し、麻紐の両側をひっぱって"巻き結び"をする。 POINT 1

2 麻紐の両端を結び、カーテンレールなどにS字フックなどで吊るす。瓶同士の高さをずらし、3本程度吊るすとバランスよく仕上がる。

3 好みで、タッセルを作る。幅10cmほど、長さは作りたいタッセルの全長分の台紙を用意し、紐を50〜60周巻きつける。輪の状態のまま台紙からはずし、瓶にひっかけるための紐を通して結んだら、その下部を別の紐で束ね、頭の部分を作る。 POINT 2

4 3の下側の輪を切り、好みの長さに切りそろえる。アクセントにビーズなどを飾ってもよい。

材料

瓶：口の部分に紐がひっかかる形状のもの 1
タッセル用の紐：今回はレース編み用の糸、約10m を使用 2
麻紐 3
ビーズ 4

道具

はさみ
幅10cm程度のボール紙など：タッセルを作る際の台紙として使用

写真の花材

スズラン

1 POINT

**2つの輪の
重ね方に注意！**
紐は、必ず右の輪が上にくるように重ね、その間（斜線部）に瓶を通して。これさえ守れば、しっかり頑丈に結べます。

2 紐を通してから
縛って「頭」を作る
台紙からはずした紐の束には、まず瓶に掛けるための紐を通して。その後「頭」を作ります。順番が逆だと、束の紐が絡まったり、紐が通しにくくなったりするので気をつけて。

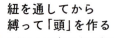

視線より上に吊るすときは、
下向きに咲くタイプの生花
を生けると好バランスに。

入れるだけの簡単さでギフトにも
アロマボトルフラワー

大人気のジャーボトルが、エレガントなインテリア雑貨に変身。花材と一緒に香りの小物を詰めれば、トイレや洗面台でほのかなアロマを楽しめる作品に。

制作時間
10分

費用の目安
500円～（吸湿剤含まず）

贈り物にも

リユース材料
を使える

作り方

1 ジャーボトルの底にアイスランドモスを敷き、リボン以外の材料を入れる。
材料を入れる順番は自由だが、かたよりがないよう、さいばしを使って見ためのバランスをとりながら入れていくとよい。 POINT

2 ボトルの正面がいちばんきれいに見えるように整えたら、フタをして、正面より少し横に結び目がくるようリボンを結ぶ。

材料

ジャーボトル：フタにストロー用の穴付きのもの。100円ショップで購入可能
中に詰めるもの：ドライフラワー、造花、手芸パーツなどを好みで。写真のドライフラワーは、アナベルとケントビューティ
リボン
アイスランドモス（乾燥苔素材）
アロマワックス：香りを楽しみたい人におすすめ。100円ショップで購入可能
吸湿剤や乾燥剤：湿気が気になる素材があれば入れておくとベター

道具

さいばし：ピンセットがあればなおよい

POINT

成功のカギは
見た目のバランス

色数は控える、濃い色は点在させる、向きをそろえすぎないなど、中身のバランスをとる工夫が、センスよく仕上げるコツ。

素材選びは工夫次第。余っ
ているドライフラワーなど
も活用できます。

インテリアにしっとりした秋の風情を
押し葉シェード

制作時間
10分

費用の目安
0円

子どもにも
作れる

秋になると街中で見られる落ち葉。すぐ手に入る美しい材料を、使わない手はありません。裏側からライトが当たって形と色が透け、ドラマチックな光の演出に。

作り方

1　拾ってきた落ち葉をカタログなどに挟み、上に重しになるものを乗せて3週間程度置き、押し葉を作る。葉から水分が抜け、ぺたんこの状態になったら完成。 POINT

2　押し葉のレイアウトを決める。枚数、サイズは好みだが、2〜3枚を集めてワンポイントにあしらうとデザインがまとまりやすい。

3　押し葉にスティックのりをまんべんなく、厚めに塗る。破れないように、葉を押さえながら作業を。

4　ランプシェードの内側に、押し葉を 2 のレイアウト通りに貼っていく。

※ランプは発熱を避けるため、必ずLEDのものを使うこと
※ランプシェードは、内側がつるつるしたプラスチック製などを使うこと（葉を貼りやすく、剥がす際もきれいに取れる）

材料

落ち葉適量：今回はイチョウ、カエデ **1**

道具

スティックのり **2**
カタログなどの雑誌
重しになるもの

POINT
拾ったらすぐ挟む、が成功の秘訣

押し葉を色よく仕上げるポイントは、拾ってきたらすぐに挟むこと。時間が経つと乾燥して葉が丸まり、形が崩れる原因に。

違う色を混ぜたり、同じ葉
を整列させたり……自由な
レイアウトを楽しんで。

手軽なもので簡単・かわいく
ポット代わりの
リユースアイテム

家にある雑貨や不用品もアイデア次第で
こんなにかわいくリユースできます。

ジャムの瓶

使い勝手のいいジャム瓶は、リユースの代表選手。切り花を飾るだけでなく、水栽培にも使えます。写真は、ハイドロボール（粘土質の岩を高温で焼いたもの）を使ってヒヤシンスを育てた例。

缶詰の缶

輸入食材店などで見かけるかわいい缶詰。浅いものでも、エアプランツや多肉植物をころんと乗せれば、かわいい器として使えます。錆びの心配があるので、水やりの少ない植物を。

ワイヤー製の雑貨

キャンドルスタンドや鳥かごなどシャビーなワイヤー雑貨は、グリーンとの相性が抜群のアイテム。背の高いベースを中に入れたりツル性の植物をワイヤー部分に絡めたりとアレンジ自在。

マグネット缶

密閉性のあるマグネット缶も、フタにうまく窓をあければグリーン仕様に。素材によってはプラスチックカッターなど専用の道具を利用して。エアプランツなどケアがラクな植物が向いています。

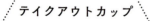

テイクアウトカップ

カフェのカジュアルな紙コップは、ハーブなどのキッチンガーデニングにもよく合います。耐水性が高くはないので、中にプラスチックコップを仕込むなど工夫して。

エッグスタンド

卵ひとつがちょこんと乗るサイズのエッグスタンドは、植物もかわいらしいボリュームに。エアプランツならそのまま、水ゴケを敷いて多肉植物を置いても素敵です。

ゼリー型

水にも強いゼリー型。小さいものをいくつか並べて置いてもかわいいディスプレイに。アルミやガラスのものなら、アンティーク風のお部屋にもぴったり。

オーブンペーパー

黒ポットのまま買ってきた観葉植物も、包むだけで簡単かわいく。表面がワックス加工してあるものなら、多少の水もOKです。アクセントに麻紐などをかけても素敵。

鳥の巣

ワラでできた鳥の巣は、ナチュラルな雰囲気と、吊るして飾れるスタイルが魅力。グリーンネックレス（写真）のような垂れる植物が似合います。雑貨店などが扱うインテリア用がおすすめ。

ペンキ缶

DIYが好きな人にはおなじみのペンキ缶。大人っぽいパッケージなら、そのまま鉢カバーに利用しても◎。写真は、FARROW＆BALL「エステートエッグシェル」2.5L缶。

コーヒードリッパー

底に穴があいているドリッパーは、水はけが良く、実は植物の鉢にもピッタリのアイテム。欠けたり汚れが気になったりと、使わなくなったものがあればぜひ利用して。

ガラスのティーポッド

中が見えるガラス容器は、テラリウムのように飾れる優秀アイテム。写真は多肉植物＋ハイドロボール。小石やコケ、エアプランツなど手入れの簡単な素材で世界観を作ってみて。

表紙に掲載！ チーズボックス

木の薄板でできたチーズ箱。内紙をはずしてオアシスを仕込めば、容器として使えます。食用のチーズの箱のリユースだけでなく、最近は100円ショップや雑貨店で梱包用としても売られています。

作り方

1 オアシスを箱の高さに合わせてスライスする。

2 1の上に箱をかぶせ、かたち通りにオアシスを切り抜く。

3 箱の中にビニールを敷き、2をはめる。

4 竹串でスポンジに穴をあけ、多肉植物やドライ素材を挿して寄せ植えにする。

CHAPTER 2
30分で作れる
はじめての手作り雑貨

花瓶や鉢カバー、ガーランドなど、あるだけで
お部屋がセンスアップするインテリア小物を
作ってみましょう。市販品ではなんだかしっく
りこないものも、気に入ったデザインを手作り
すれば、愛着をもって大切にできます。

陰影のグラデーションが美しい
ギャザーベース

ガラスの花瓶や空き瓶にかぶせるベースカバー。ギャザー状のプラスチック障子紙が光やわらかく通し、窓辺をやさしい印象に。プレーンな存在感で、どんなインテリアのお部屋にもよく合います。

制作時間
30分

費用の目安
750円以内

リユース材料を使える

作り方

1 カッターを使ってプラスチック障子紙を切る。高さは、かぶせたい瓶プラス2～3cm程度、横幅は筒周り×1.5倍程度が目安。

2 1をノートに仮留めする。ノートの罫線と瓶の高さ方向は平行になるよう、マスキングテープで固定する。

3 透けて見える罫線を、定規を添えながらはさみの片刃でなぞっていく。これが折り線となるので、曲がらないように注意する。（ノートを下に敷かずに、定規を使って等間隔に線を引いてもよい）
POINT

4 ノートから障子紙をはずし、今度は右端と左端それぞれから7mmほどのところで縦に線を引く。これを折れ線にし内側に折り込み、縁に強度をつける。

5 3の折り線を順番に山折り、谷折りしていく。

6 折り線をすべて折り終えたら、一度瓶の周囲にあてがい、大きすぎる場合は横幅を切るなど、サイズを調整する。両端をセロテープで2、3カ所留めて円筒形にし、瓶にかぶせれば完成。

材料

プラスチック障子紙：ホームセンターで購入可能
ガラスの花瓶や空き瓶

道具

マスキングテープ
定規：30cm以上のもの
ノート：罫線が7mm間隔のもの
カッター
はさみ
セロテープ

写真の花材

（P.29写真左から）ラナンキュラス、スカビオサとブプレリウム、マトリカリアとブプレリウムと千日紅、豆の花

POINT

ノートの罫線を使ってまっすぐな線に

折り線をきちんとつけることで美しい陰影に。慣れたら大きめサイズにも挑戦して。

窓辺に置いて、優しい光の
透過を楽しんで。ギャザー
の細さが引き立つように、
瓶も細くて背の高いものが
おすすめ。

ころころした姿がとびきりのかわいさ
まつぼっくりの
ガーランド

紙や布製のものとはひとあじ違う、自然素材を使ったナチュラルな雰囲気のガーランド。白くペイントしたりキャンディをプラスすれば、ホリデーシーズンにもぴったりのインテリアに。

制作時間
30分

費用の目安
700円〜

贈り物にも

子どもにも
作れる

作り方

1 アクリルペイントをまつぼっくりのかさの先端にラフに塗り、よく乾かす。

2 まつぼっくりの頭にヒートンをねじ込む。 POINT 1

3 2 をいくつか作ったら、好みの長さに切った紐をヒートンに通す。紐はヒートンの輪に一度くぐらせ、まつぼっくりが滑って動かないようにする。 POINT 2

4 小さめに切ったマスキングテープを使い、好みの間隔で紐にキャンディを貼り付ける。

材料

まつぼっくり 1
キャンディ：包装紙がかわいい小さめのもの
白のアクリルペイント：100円ショップで購入可能
ヒートン：ホームセンターで購入可能 2
紐：中細のもの。今回はツイストコード 3

道具

はさみ
マスキングテープ
筆

POINT 1
実は簡単！な
ヒートン刺し
まつぼっくりの頭にヒートンをあてがい、垂直方向にぐっとねじこめば、すんなり刺すことができます。

POINT 2
紐は必ず1度
くぐらせて
ただ紐を通すだけだと、まつぼっくりが滑って思う位置に止まりません。輪をくぐらせることで、簡単に安定します。

公園や森で拾ってきたまつ
ぼっくりを、楽しい思い出
とともに飾ってみて。花材
店などでも購入可能。

育てる楽しさも味わえる極小プランツ
ミニミニ多肉ボール

小さな多肉のカット苗にひと工夫。水ゴケの中で徐々に根が生え生長するので、これから大きく育てたい場合にも最適。スプーンや豆皿、貝殻に乗せたり、寄せ植えにしたりと、アレンジは無限です。

作り方

1 ひとにぎりの水ゴケを水に浸け、柔らかく戻す。

2 多肉植物の茎をすっぽり覆うように **1** の水ゴケを巻き付け、マスカット大の団子状にする。 POINT

3 **2** に細いワイヤーを5、6周巻きつけ、水ゴケを固定していく。いろいろな方向からワイヤーをまわして巻くのが、丸く上手になじませるコツ。ワイヤーの先端は曲げて水ゴケの中に入れる。

4 はみ出た水ゴケをはさみで切り、全体のバランスを見ながら、丸く整える。

お手入れ

水やりは、葉の表面に少しシワがよって乾燥し始めてからでOK。回数が多いと根腐れの原因になります。乾いた状態の水ゴケをコップなどで水に浸け、たっぷり与えましょう。

材料

多肉植物のカット苗：自分で育てているものや、カット苗のパック。全長約5cm
水ゴケ：園芸店で購入可能
細めのワイヤー：100円ショップで購入可能

道具

はさみ
水ゴケ用うつわ

写真の多肉植物

（P.33写真左手前から）**姫紅花月、火祭、乙女心2個**

POINT

1ヵ月ほどで
発根します

水ゴケのなかでも生長を続ける多肉の苗。インテリアとして楽しんだあと、ワイヤーを切れば、根を傷めずにそのまま鉢に植え替えることも可能です。

どこか愛嬌のある癒し系の姿。多肉植物は本来日当たりを好むので、ときどき日光浴をさせてあげましょう。

ガラスの灰皿「ASHTRAY」¥3,000／アクメ ファニチャー 渋谷店、真鍮トレイ「BRASS アレンジトレイ」¥3,000／アクタス・新宿店

枝ものが似合うシンプルなシルエット
ロープボトルの
グリーンベース

制作時間
30分

費用の目安
400円〜

リユース材料
を使える

ワインなどの空き瓶を使った、ちょっぴり大人な雰囲気のベース。ユーカリやオリーブなどのグリーンや、季節の枝ものとの相性抜群です。ボトルの種類や巻きつけるロープの高さでバリエーションを楽しんで。

作り方

1 瓶の下から好みの高さまで、ぐるりと両面テープを貼っていく。このとき、きれいに水平に貼れるよう、らせん状ではなく一周ごとに区切り、隙間なくだんだんに貼っていくこと。

2 1で貼った両面テープの剥離紙を、下の段から順にはがし、なるべく水平を意識してロープを巻いて貼っていく。ロープの始点は、2段目に挟んで隠すように始末する（この部分を裏面とする）
POINT

3 両面テープがすべて隠れる高さまでロープを貼り付け、終点が裏面にくる長さでロープを切る。最後に終点を接着剤で瓶に貼り付ける。

材料

ワインなどの空き瓶
綿ロープ：ナチュラルな色のもの。ホームセンターで購入可能。今回はφ4mmのものを使用
荷札、スタンプ：飾りに使いたい場合のみ

道具

両面テープ：強力タイプがおすすめ
接着剤：多用途強力セメダインなど
はさみ

写真の花材

ポリシャス

POINT
見せたくない
部分は裏側にまとめる
ロープの始点と終点を裏面にそろえれば、表からは見えません。終点は接着剤でしっかり貼ってはがれないように。ロープは、左の写真で約3m使用。

あえて違う瓶を使うと、並べたとき表情が豊かに。高さがあるので床置きしても。

生花からドライになる過程も楽しめる
ユーカリの
シンプルフレーム

流れるようなシルエットを描くユーカリの葉がきれいなフォトフレーム。香りも楽しめるフレッシュのユーカリが、ドライになるにつれだんだん落ち着いた雰囲気になる変化の過程も楽しめます。

🕐 制作時間
30分

¥ 費用の目安
700円

🎁 贈り物にも

🏠 日陰でも
OK

作り方

1　ユーカリを約10㎝の小枝状に切り分ける。なるべく枝の先端が入るようにすると使いやすい。

2　1をグルーガンでフレームに貼っていく。フレームにパール大のグルーを出し、1枝1ヵ所程度の固定でグルーができるだけ目立たないように。ユーカリは、乾くにつれ葉先が下向きに曲がってくるので、はじめから枝を下向きにレイアウトして貼るのがコツ。
POINT

3　グルーの糸引きがフレームに付かないよう注意しながら、ユーカリを貼り足していく。

4　ユーカリを貼り終えたら、好みの個数のミニツガを貼る。ユーカリの葉先に重ならないよう注意しながら、グルーが見えている場所や枝の切り口を隠せる場所に貼るとよい。向きをそろえずランダムに貼ると、センス良く仕上がる。

材料

ユーカリの生花：葉の小さい品種
ドライのミニツガ
アクリルフレーム：100円ショップで購入可能。今回はL版とポストカードサイズ

道具

グルーガン
はさみ

POINT
葉先の向きに
気をつけて
ユーカリは乾くにつれ、葉先が垂れてきます。はじめから葉先が下を向くデザインに作れば、きれいな形をキープ。

主張しすぎない優しげな雰
囲気は、棚やラックのちょ
っとしたスペースにも最適。

リュース素材で簡単ヴィンテージルック！
デニムの鉢カバー

クローゼットの奥に眠るデニムをおしゃれに活用。小さな鉢には、サイズが合わなくなった子供服の裾や袖口を使うこともできます。タグもリユースまたは手作りして、ワンポイントにしてみました。

制作時間
30分

費用の目安
0円

リユース材料
を使える

作り方

1 デニムの裾を、植物の鉢が十分入る丈に切る。くしゅっとたるませて使うとかわいいので、長めにとり、大きめのサイズに作るのがおすすめ。

2 生地を裏表にひっくり返し、1の切り口を合わせてざくざくと縫い、袋状にする。縫えたら表にひっくり返し、筒状に形を整える。マチ部分の角は内側で折り、平たく整える。 POINT

3 鉢カバーの上部（デニムの裾）は、適当な幅で折り返す。

4 余ったデニムでラベルを作る。小さめの長方形（写真は約7cm×約5cm）に生地を切り抜き、切り口の周囲の糸を抜いたりほぐしたりしてフリンジ状にする。

5 鉢カバーに4のラベルをあてがい、四隅を縫い留めるか、ボンドで貼る。デニムのブランドタグをはずし、一緒につけてもかわいい。タグは、ほつれの心配がないので、安全ピンで留めるだけでもOK。

※底穴のあいている鉢を入れるときは、鉢カバーが濡れないよう、必ず下に水受け皿を入れる。

材料

着古したデニム：ズボンの裾やシャツの袖など筒状の部分を利用してもよい
デニムに付いていたタグやラベル：あれば

道具

手芸用ボンド
針
糸
布切りばさみ
安全ピン：使う場合のみ

写真の多肉植物

左：姫紅花月(私物)、右：エキノカクタス ¥2,300／アクタス・新宿店

POINT
マチは内側で
平らに整えて
筒状にしたときできるマチは、内側で形を整えましょう。鉢が安定するよう、折り込み方を調整して。

買ってきたままの鉢植えも、
入れるだけでファッショナブ
ルなインテリアに。生地をあ
えてたるませて、ラフに飾る
のも素敵。

シャビーな雰囲気をまとうインテリア
エアプランツのスワッグ

ブルーがかった色合いと、ふわふわとしたボリュームが人気のウスネオイデスを束ねたスワッグ。お手入れがラクな特性を生かして、寝室やクローゼットになじむハンガースタイルに仕立てました。

制作時間
20分

費用の目安
約3,000円（全エアプランツ含）

日陰でも
OK

作り方

1 ウスネオイデスの束を2手に分けて、ハンガーにひっかける。

2 ウスネオイデス以外のエアプランツでアクセントパーツを作る。株のまわりにワイヤーを2周ほど巻きつけてから、φ2〜3cmの輪を作り、ハンガーにひっかけられるように整えれば完成。1株のみでも、大きさの違う株2つ程度をワイヤーでまとめてもOK。好みのボリュームで仕上げて。POINT

3 2で作ったワイヤーの輪をハンガーの上部に通し、ウスネオイデスの株元にバランスよく下がるよう形を整える。

お手入れ

ウスネオイデスは、乾燥に強く、空気中の水分を葉面吸収して生長します。風通しの良い場所に吊るし、週2回ほど、霧吹きで軽く濡らす程度にスプレーしてあげるとよいでしょう。気孔の開く、夕方〜夜に行うとベストです。

材料

ウスネオイデス
ウスネオイデス以外のエアプランツ：小〜中型3種ほど。今回はカプトメドゥーサ、ブラキカウロス、パウシフォリア **1**
細めのワイヤー

道具

はさみ
ラジオペンチ **2**
ハンガー：なるべくシンプルなデザインがおすすめ **3**

POINT
取りはずしも簡単に
アクセントにしたエアプランツは、ワイヤーの輪をハンガーに通しているだけなので取りはずしが簡単。メンテナンスや付け替えも手軽に行えます。

寝室の壁やラック、クロー
ゼットの扉にかけるだけで、
大人っぽいムード。

立体感のある表情が魅力
グリーンフレーム

付けはずし自在のリーフ素材を、アートのようにレイアウト。フレームから少し浮いている立体感が、見る人の目を誘います。広めの壁面に大小織りまぜて飾ると、シンプルで海外風のインテリアに。

🕐	制作時間 **30分**
¥	費用の目安 **1,000円～** リーフ素材1袋、 フレーム1枚分
🎁	贈り物にも
🏠	日陰でも OK

作り方

1 フレームからガラスをはずす。コルクボードを台紙と同じ大きさにカットし、フレームの台紙と差し替える。コルクボードは、アクリル絵の具などで白く薄めにペイントしてもきれい。

2 コルク栓を約8mmの厚さにカットする。転がりやすいので、手を怪我しないよう注意。

3 厚紙を2で切ったコルクよりひとまわり大きいサイズに切る。四隅を数ミリほど切り落とすと、リーフ素材に貼ったときはみださない。

4 リーフ素材の裏に、厚紙を両面テープで貼り付け、その上に接着剤でコルクを、さらにその上に接着剤で画びょうを貼り付ける。
POINT 1

5 4の接着剤が完全に乾いたら、コルクボードの好きなところにレイアウトして刺す。POINT 2

材料

コルクボード：100円ショップで購入可能
リーフ素材：押し葉やドライ素材、プリザーブドがおすすめ。
画びょう
ワインなどのコルク栓
厚紙：空き箱などのリユースも可
フレーム

道具

接着剤：多用途強力セメダインなど
両面テープ
カッターまたは果物ナイフ

写真のリーフ素材

（P.43写真上から時計まわりに） プリザーブドのアイビーリーフ、ウラジロ、シャークリーフ

POINT 1

主役の素材裏に
重ねて貼るだけ

厚紙、コルク、画びょうの順にしっかり貼りつけて。表から確認し、厚紙やコルクがはみ出していないかチェックを。

POINT 2

自然のままのように
ふわりと立体的

コルクがちょうどいい厚みとなり、ただ貼るだけでは出ないリアル感。フレームの縁に葉をかけるなど、貼り方の工夫も楽しめます。

フレームと葉の組み合わせ
で、ナチュラルにもモダン
にも印象が変化します。

テーブル上のじょうろ「ミッテ ジョーロL」¥2,800／アクタス・新宿店

失敗知らずのプチ技あり！
シンプルペイント
9のデザイン

シンプルな鉢を、自分な好きなテイストにカスタマイズ。
絵が苦手な人でもできる基本のペイント
&失敗知らずのプチ技を紹介します。

SOUP
CELERY

街並み

黒地が映えるシックなデ
ザイン。先に地面を塗っ
てから、ペンで建物を描
きます。三角屋根の家や
高いビルなど建物の形で
変化をつけて。

HOW TO
MAKE #01 → P46

フォレスト

針葉樹を思わせる細長い
木のシルエット。こんも
りとした丸みを出さず、
シャープな形にするのが
大人っぽい雰囲気に見せ
るコツです。

HOW TO
MAKE #02 → P47

ランダムボーダー

簡単そうに見えるボーダ
ーも、等間隔に描くのは
至難の業。あえてランダ
ムな幅のデザインにする
ことで、気軽に挑戦する
ことができます。

HOW TO
MAKE #01 → P46

マグ

ちょっと無骨なマグカッ
プをひとつ。広めの余白
でシンプル感が引き立ち
ます。中央よりほんの少
し上に描くと、重心が落
ち着きます。

HOW TO
MAKE #01 → P46

トライアングル

鉢の口をぐるりと囲むデ
ザインは、どの方向から
見ても華やか。同じ型を
リピートするなら、スタ
ンプが断然美しく仕上が
ります。

HOW TO
MAKE #02 → P47

SUGARVINE

PINEAPPLE MINT

リーフ

ガーデニング好きならひとつは欲しい自然のモチーフ。ちょっとのはみ出しなら塗り込んでデザインに取り込めちゃうのも安心です。

HOW TO MAKE #03 → P47

ガーランド

トライアングルの応用パターン。はじめにペンですーっとラインを描き、それに沿うようスタンプして。あえて斜めに入れるとかわいい仕上がりに。

HOW TO MAKE #02 → P47

ツリー

手描きの自由度を生かし、なめらかな線、細かい点でのびやかに。市販の型紙やウェブのフリー素材で気に入ったものがあれば利用しても。

HOW TO MAKE #03 → P47

バルーン

かわいいフォルムの風船柄を、ストライプでほどよく引き締めて。数を増やしたりブーケ状にしたりすればキュートな印象にもなります。

HOW TO MAKE #03 → P47

LET'S MAKE TRY! →→→

鉢：Gardens「エコポット丸型4号」各￥400／八幡化成株式会社、ジョウロ：「ブリキ ウォーターカン」￥2,500／ジャーナル スタンダード ファニチャー 渋谷店、ペンキ缶：「Hip 3.8L」／カラーワークス

簡単そうに見える絵でも、大きさや配置のバランスはなかなか難しいものです。
ここでは、ちょっとした下準備で失敗知らずの3種類の描き方を紹介。
ほとんどの材料・道具は100円均一などでそろうので、気軽にトライしてみましょう。

HOW TO MAKE #01　マスキングテープを使う

どんな鉢でも大人っぽくキマるボーダー柄。
マスキングテープを使って
キレイなラインに仕上げましょう。

材料

アクリル絵の具
マスキングテープ

外に置くなら
耐水性のものを

1 マスキングテープを貼る

塗りたい部分を残してマスキングテープを貼る。絵の具と接する側はできるだけピンと張って。

プチ技　鉢にカーブがあるので、テープが太いと貼るときシワになりやすい。幅5mm程度の細いものが使いやすい。

2 ペイントする

残した部分を塗る。テープの上は多少はみだしてもOK。

プチ技　絵の具は厚く塗りすぎないこと。厚すぎるとテープをはがす際に一緒にくっついて取れることがある。

3 テープをはがす

絵の具が半乾きの状態でテープをはがす。

プチ技　ボーダーをきれいに出すには、このタイミングがベスト。乾ききった後だと、テープ上の絵の具につられてボーダーが欠けやすくなります。

スポンジでスタンプ

ぽんぽんと押すだけなので初心者でも安心。
ランダムに押さず、規則正しいデザインに
仕上げることで洗練された印象に。

材料

アクリル絵の具
メラミンスポンジ

汚れ落とし用の
スポンジです

1
スポンジを切る

使いたい大きさ、形にカット。
柔らかすぎず、目が詰まってい
るメラミンスポンジがおすすめ。
プチ技 切るのはカッターか果
物ナイフが便利。断面もきれい
に切れます。

2
絵の具をつけて押す

皿などに絵の具をとり、スポン
ジにまんべんなくつけて押す。
プチ技 三角の先端は押し残し
やすいので、角を立てるように
して力を入れて。

フリーハンドで描く

自由なデザインが楽しめる手描きペイント。
シンプルな柄でも油断せず
下描きしておくのが成功の秘訣。

材料

ペン（油性・耐水性で
不透明のもの）

プラスチック等に
描けるものが◎

手描きに自信が
なければ型を利用

1
下描きする

鉛筆で薄く下描きする。
プチ技 サイズや配置など、実
際に描いてみて気づくことも多
いはず。下描きをして調整を。

2
本番の画材でなぞる

ペンでゆっくりていねいになぞ
る。
プチ技 下描きの線は消さなく
てOK。ペンの方が太いので、
隠すように上描きして。

CHAPTER 3
1時間でできる
手作り雑貨

実用的なアイテムから、おうち時間を心地よく
するインテリアまで。作る時間が楽しい4作品
を紹介します。コツをつかめば、作る時間もス
ピードアップ。自分らしいアレンジも楽しんで
ください。

愛らしさ満点のまんまるシルエット
かすみ草のポンポン

まんまるの姿がたまらなくキュート。エアリーな存在感で、スイート、ナチュラル、シック、どんなテイストのお部屋にも馴染みます。窓辺やベッド、大きな棚などに吊るしても素敵。

制作時間
60分

費用の目安
1,300円

贈り物にも

日陰でも
OK

白以外の色で作っても素敵。
季節やイベントに合わせて
アクセントカラーを用意し
てみては。

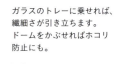

ガラスのトレーに乗せれば、
繊細さが引き立ちます。
ドームをかぶせればホコリ
防止にも。

細めの紐を通せば、吊るす
のも簡単。棚やテーブルに
無造作に転がしても絵にな
るアイテム。

材料　**プリザーブドのかすみ草**：大ぶりの枝3本使用でテニスボール大の作品ひとつ分

　　　ドライフラワー用フォーム：100円ショップで購入可能

　　　細めのワイヤー

道具　**はさみ**

　　　ナイフ

作り方

1 かすみ草を小さな花穂状に切る

かすみ草の先を長さ約3〜4cmに切り、小さな花穂を作る。先端近くで枝分かれしている部分から少し下を切るイメージで、たくさん切っておく。

2 ドライフォームをナイフで切る

ドライフォームを、角砂糖より少し大きめのサイズに切る。豆腐をカットするようなイメージで垂直に刃を入れると、うまくいく。

3 吊るすときに紐を通す輪を作る

ワイヤーをねじって輪を作り、ドライフォームに刺す。輪だけ顔を出す状態まで刺しこんだら、はみ出たワイヤーを約1cm残して切る。残した部分はドライフォームの中に折り曲げて隠す。

TOPICS

**ドライのかすみ草を自作すれば
アンティークカラーのポンポンに**

手元にかすみ草がある場合は、自作のドライフラワーに挑戦しても。枝元を紐で束ねて、風通しのよい窓際などに約2週間吊るせば完成です。生花のときよりボリュームが落ちるので、ポンポンにするにはたくさん使うことがコツ。

4 かすみ草の花穂を 挿していく

ドライフォームのひとつの面を埋めるように、花穂を挿していく。面の奥の角から始め、約3mmの間隔を開けながら、埋めていくように挿すと隙間なく上手に仕上がる。

5 一面挿し終えたら 隙間がないかチェック

一面挿し終わったところで、隙間がないか、ムラがないかをチェックする。隙間があるところには追加の花穂を挿し、同様にほかの5つの面も挿す。

6 穂先を切りそろえ 形を丸く整える

すべての面に挿し終えたら、はさみではみ出ている穂先を切る。全体を回しながら確認し、ほぼ球体になるように形を整えたら完成。切りすぎて、球全体を小さくしてしまわないよう注意。

何気ない日用品もおしゃれに収納
リーフ＆フラワーの
コスメケース

制作時間
50分

費用の目安
1,500円 (プリザーブド素材による)

贈り物にも

日陰でも
OK

手軽に手に入るアクリルケース＆クリアファイルで、透明感あるデザインに。生活感が出がちな日用品をほどよく目隠し。女性らしくてさわやかさのある、清楚なコスメケースです。

素材は、びっしり規則正しく貼るのがポイント。フタの縁にあしらうテープで、全体をちょっと引き締めて。

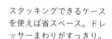
スタッキングできるケースを使えば省スペース。ドレッサーまわりがすっきり。

コットンは花のケース、スポンジはリーフのケースなど、収納したものがひと目で分かる目印に。

材料	プリザーブドまたは造花の花や葉：P.55写真左からプリザーブドのベルベットリーフ、ハートリーフ、造花のアジサイ 

材料

プリザーブドまたは造花の花や葉：P.55写真左からプリザーブドのベルベットリーフ、ハートリーフ、造花のアジサイ 1

フタ付きのアクリル収納ケース：100円ショップで購入可能

幅0.5cmの両面テープ：障子貼り用などの透明タイプがおすすめ 2

幅約5〜8mmのリボンやデコレーションテープ 3

クリアファイル：無色のもの

道具　定規
　　　　ペン
　　　　はさみ

作り方

1 ケースのフタの内寸を測る

ケースのフタの内寸（フタの厚みを除いだ寸法）を測る。フタを開けた状態で、その内側の縦と横、側面の高さに定規をあてて採寸を。

2 クリアファイルを内寸に合わせて切る

クリアファイルでフタの内側にぴったりと収まるシートを作る。1で測った内寸をもとに、フタ面と4つの耳（側面）を描き、はさみで切る。

3 耳の折り目にスジを付ける

耳の部分に定規を当て、はさみの刃で折りスジを付ける。シートが切れないように、なぞる程度の力加減で。4辺すべて終わったら、山折りにしてフタの内側にはめてサイズが合っているか確認を。

使う素材は
自由な発想で選んで

あまり厚みのないものであれば、
プリザーブド素材でなくてもOK。
お気に入りのアイテムで作れば、思
い入れもひとしおに。

おしゃれな種袋を利用
園芸好きなら一度は目にしたこと
のあるおしゃれな種袋。加工もし
やすいサイズでクラフト向き。

かわいい切手を使って
ヴィンテージショップで売られて
いる海外の切手や、大切にしてい
る記念切手を彩りよく並べても。

4 両面テープで
　素材を貼る

使いたい素材のレイアウトを決め
たら、3のシートに横2、3列の両
面テープを貼っていく。貼り終わ
ったら剥離紙をはがし、レイアウ
トに沿って素材を貼る。

5 シートをフタに
　はめこみ固定

フタの縁の内側（4辺すべて）に
両面テープを貼る。シートを再度
3と同じ方向に折って折り目をつ
け、フタにはめこみ、両面テープ
の剥離紙をはがして貼りつける。
1辺ずつ貼ると作業しやすい。

6 リボンやテープで
　仕上げる

フタの縁の外側にデコレーション
テープを貼り付け、5の両面テー
プが見えないよう隠す。リボンや
マスキングテープでもOK。始点
と終点は、奥になる位置で目立た
ないように。

北欧の工芸をインテリアグリーンに活用
エアプランツのヒンメリ

制作時間
40分

費用の目安
200円（エアプランツは含まず）

子どもにも
作れる

日陰でも
OK

フィンランドの伝統的な装飾品、ヒンメリ。それを1本のワイヤーとストローで作り、エアプランツホルダーに仕立てました。ゆらゆら揺れる軽やかな雰囲気と、このまま水やりできる手軽さが魅力です。

使うストローの色や柄で印象が変化。大ぶりなものは、そのまま直置きしても絵になります。

ストロー＆ワイヤー製なので、エアプランツの水やりもこのままOK。手軽に手入れできるのも魅力です。

材料	ストロー：以下で説明するサイズの場合、長さ20cmのものを4本。大きなものは6本使用。① 細めのワイヤー：φ0.7mm以下のもの ② テグス：吊るす場合	道具	定規 はさみ ラジオペンチ	写真のエアプランツ （P.59上から）ハリシー、キセログラフィカ、イオナンタ

作り方（P.59写真下の作品サイズ）

1 ストローとワイヤーを切る

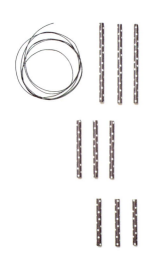

ストローを、9.5〜10cm〈大〉3本、7cm〈中〉3本、5.5cm〈小〉3本の計9本に切り分ける。（〈小〉3本は、1本のストローからとれる）
ワイヤーは約1.5mに切っておく。

2 ワイヤーにストローを通し、輪を作る

ワイヤーの始点で輪を作ってストローが留まるようにする。輪のない方からストローを〈大〉〈小〉〈小〉〈大〉の順に計4本通し、隙間なく詰めたら、先端を先ほど作った輪の下にひとまわしし、留める。

3 ストローを追加し本体のベースを作る

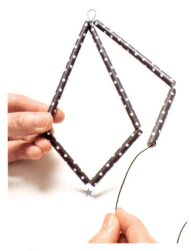

2で輪の下に留めたワイヤーの先端から〈大〉〈小〉の順にストローを1本ずつ通し、先端を本体の一番下（写真★）にぐるりとひとまわしし、留める。

ストローで作るから
水やりがこのままできる

お手入れがラクなエアプランツも、水やりは必要。水に強いストローで作れば、エアプランツを本体に固定したままケアできます。
気孔が開く夕方〜夜に行うのが理想的です。

シュシュッとミスティング

週に2、3回ほど、霧吹きで水を全体にまんべんなく吹きかけます。湿度の高い季節はやりすぎに注意を。

このままソーキングも

月に1〜2回、水をはったタライにこのまま入れ4時間ほど浸します。こちらも湿度が高い場合は避けて。

4 ストロー〈小〉の中に
　 ワイヤーを通す

5 本体の周りに
　 ぐるりと3辺を作る

6 エアプランツを乗せる
　 台座を作る

ワイヤーの先端を3で留めた本体の一番下からストロー〈小〉にさしこみ、中を通して、もう片方の口（写真★）から引き出す。

ワイヤーにストロー〈中〉1本を通し、角（写真★）に着いたら内側にひと巻きして固定。同じ要領で残り2辺も作り、三角形の土台を作る。これで、ストローを用いた9辺すべてができあがる。

ワイヤーの先端を対角線上のストローの中央でふた巻きし固定。これを、残り2辺でも同様に繰り返し、5の土台に「4の字状」に掛ける。最後に余分なワイヤーを切って、完成。

ドアを開け閉めするたび笑顔に
チョークペイントの
ルームサイン

🕐 制作時間
60分

¥ 費用の目安
1,500円（使用素材による）

🎁 贈り物にも

部屋の入口で迎えてくれる存在感抜群のルームサイン。手描きサインや
ヘンプコードで、クラフト感もたっぷりです。家族であれこれいいなが
ら、掛ける場所を考えたりサインを書きかえたりするのも楽しい時間。

サインは手書きなのがポイ
ント。わざとラフに書いて、
手作りっぽさを演出して。

ドライ素材はシックな色合
いなので、どんなインテリ
アにも馴染みます。スパイ
ス素材もミックスすれば、
ほのかに香りの演出も。

材料 ドライシトラスのスライス：
　　 今回はオレンジ、ライム
　　 スターアニス
　　 シナモンスティック
　　 コルク栓
　　 チョークペイント：100円ショップで購入可能
　　 木製サインプレート：100円ショップで購入可能
　　 ヘンプコード：今回は約1.5m
　　 手芸用リング：今回は直径3.5㎝のもの

道具 カッター
　　 木工ボンド
　　 ガムテープ
　　 筆
　　 キリ

作り方

1 プレートを ペイントする

木製サインプレートをチョークペイントで塗る。表面から見える場合は、縁や底面も。ただし、裏面は、ドアと擦れてペンキ跡が付く可能性があるので塗らない方が安心。

2 コルク栓の 下準備をする

コルク栓の表と裏の中心部分に、カッターで深さ2㎜ほど切り込みを入れる。ヘンプコードをここに食い込ませて掛けることで、ずれにくくなる。

3 シトラスとシナモンの 下準備する

ドライシトラスの上部と下部に、ヘンプコードが通るくらいの穴を開ける。シナモンスティックは、長いままの2本組みと、7〜8㎝に切ったものの2本組にして木工ボンドで貼りつけておく。

手書き文字に自信が なくても大丈夫

チョークペイントは書いては消せる のが最大の魅力。手書き文字にも気 軽に挑戦したいけれど、上手に仕上 げるグッズを使うのも手。雑貨店や ホームセンターなどで探してみて。

DIY 感あるステンシル

DIY感を出すならステンシルがお すすめ。チョークはもちろん、ペ ンキやスプレーでもいい雰囲気に。 CH.HANSON「STENCILS」¥3,000 ／アクメ ファニチャー 渋谷店

手軽な文字シール

貼るだけ楽ちんな文字シール。気 に入ったフォント、サイズがあれ ばぜひ。DURO LETTER DECAL 各 ¥100／ジャーナル スタンダード ファニチャー 渋谷店

4 リングに コードを通す

ヘンプコードを半分に折り、ちょ うど真ん中となる位置にコードを くぐらせ、手芸用リングを固定。 ここが、ドライ素材を結んでいく 始点になるので、ゆるまないよう しっかりと。

5 コードに素材を 結び付ける

ヘンプコードで、各パーツを好み の順に結びつける。ドライシトラ スは、コードが表面に出ないよう、 穴から裏面に通して結ぶ。コルク 栓は、背面寄りで結び目を作ると、 ドアの平面にフィットしやすい。

6 プレートの裏に コードを貼る

木製サインプレートは、裏側にヘ ンプコードを2本束ねボンドで貼 りつける。乾いたら上からガムテ ープを貼り、さらに固定。これで プレートの表面を邪魔することな く仕上がる。最後まで素材を結び つけたら完成。

CHAPTER 4

チャレンジしたい！
季節の手作りインテリア

オリジナリティを楽しみながら、季節感を演出
するインテリアも手作りしてみましょう。すこ
し時間はかかるけれど、できあがりの満足感は
かけがえのないもの。飾りや色、サイズなど、
作る人によって十人十色の仕上がりです。

育てながら飾れるユニークツリー
アイビーの
ワイヤーツリー

制作時間
90分

費用の目安
1,800円〜

子どもにも
作れる

収納用のワイヤーネットにアイビーを這わせ、オーナメントをにぎや
かに飾った"立てかけられる"クリスマスツリー。壁で、窓辺で、手
入れをしながら楽しめます。

紐やテープを使い、いただ
いたカードなどをツリーの
周りに飾りつけても。

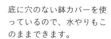

底に穴のない鉢カバーを使
っているので、水やりもこ
のままできます。

オーナメントは、色をそろ
え、大ぶりなものを選ぶと
ベター。シンプルでも印象
的なツリーに。

材料

収納用ワイヤーネット：今回は40cm×55cm

アイビーの苗：一般的なポット苗で、ツルが30cm程度あるロングタイプ

鉢カバー：苗に合わせた大きさで、軽くて割れない素材、底穴がなく、底に向けてすぼまった形のもの ◀1

星のオーナメント ◀2

そのほかのオーナメントやミニカード ◀3

紐：今回はツイストコード約3～4m ◀4

細めのワイヤー

道具　はさみ
　　　ラジオペンチ

写真の植物

アイビー（ハートヘデラ）

作り方

1 ネットに鉢を 結びつける

ワイヤーネットを壁などに立てかけ、下端よりやや上がった位置に、2本取りした紐で鉢カバーをくくりつける。後でゆるんで落下しないよう、強く結ぶ。

2 トップにくる 星を結びつける

ワイヤーネットの上の中央に星のオーナメントを付ける。細めのワイヤーでオーナメントをねじり留めて。余分なワイヤーは切り、怪我をしないよう先端を曲げて折りこむ。

3 紐を張って ツリーの輪郭を作る

紐を2本取りで作りたいツリーのサイズよりやや長めにカット。紐の長さの中心あたりをネットの2裏に通し、表側で両サイドへ張る。左右の角に通したら裏へまわし、最後は鉢カバーの裏で見えないように結ぶ。

アイビーを長持ちさせるコツ

ワイヤーツリーなら、日頃のお手入れもこのまま可能です。クリスマスシーズン、アイビーを長く美しく楽しむためのコツをチェックしましょう。

直射日光に弱い品種も

ふ入り品種（写真は白雪姫）は、日を当てすぎると弱るものも。購入時に確認し、直射日光を避ける工夫を。

水のやりすぎに注意

3日に1度ほど、土がほどよく湿るくらいの水やりで十分。鉢底に水が溜まらないよう注意します。

---

4 アイビーのツルをツリー型に留める

アイビーの苗を鉢カバーに入れ、ツルを3の三角形に合わせながら、小さく切ったワイヤーで5〜10cm間隔に留める。他のツルも、三角形の中を埋めるようにして留めていく。できるだけ隙間がないように這わせるときれい。

5 S字フックを作りオーナメントを飾る

ワイヤーを3〜5cmに切って曲げ、小さなS字フックを作ってオーナメントをネットにひっかける。全体を見て、葉のボリュームが少ない場所を埋めるように付けるとよい。これでアイビーを傷めず飾りつけられる。

6 ミニカードなどを飾れば、よりにぎやかに

ミニカードなどがあれば、紐を通し、ツリーの周りに飾ると、さらに華やかな仕上がりに。贈られたカードや大切な飾りをプラスしても。小さく切ったマスキングテープで、直接ネットに貼ってもよい。

小さな鉢をおしゃれ＆便利に収納
多肉植物の
コレクションBOX

小さい多肉植物の鉢は、日光浴させるときの移動が大変。これがあれ
ば一度にまとめて持ち歩き、普段は素敵なインテリア小物としても存
在感を発揮します。

制作時間
120分〜

費用の目安
1,500円〜（布による）

贈り物にも

リユース材料
を使える

空いた靴箱を使ったアイ
デアリメイク。とってお
きの布で作ってみて。

材料		道具	
靴の空き箱：パンプスやスニーカー用の紙製のもの		**はさみ**	
箱に貼る布：サイズは「作り方」参照		**布切りばさみ**	
鉢ホルダーに貼る布：箱の内寸よりひとまわり大きいもの		**カッター**	
革テープ：幅約2㎝のもの ◀**1**		**木工ボンド**	
プラスチックダンボール：100円ショップで購入可能、		**両面テープ**	
今回は40㎝×30㎝		**マスキングテープ**	
リメイクシート：100円ショップで購入可能、		**油性ペン**	
今回は90㎝×45㎝		**セロテープ**	
割りピン：4個 ◀**2**		**きり**	
		型取り用のコップや鉢：今回はφ	
		5.5㎝、6.5㎝、7.3㎝の3種 ◀**3**	

作り方

1 空き箱に布を貼る準備をする

空き箱の内側と外側の上辺に沿って各1周、4側面の左右の辺（計4本）、底面の4辺に両面テープを貼る。次に箱用の布を切る。布の耳を利用し（裏使いで左端）、横を箱の外周+3㎝、縦を箱の高さ×3とする。耳に両面テープを付け巻く際の終点にする。

写真の多肉植物

（P.72の左から）**チワワエンシス、火祭、パリダプリンス**（箱内）**白牡丹、パープレサムギリバ、ランポー玉、黒法師**

2 箱に布を貼る

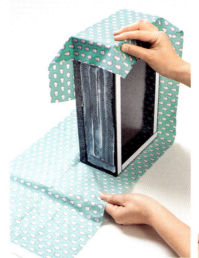

縦幅のセンターに鉛筆で線を引く。この線に箱の上辺を合わせ、両面テープをはがしながらボンドも塗ってしっかり貼る。終点は耳の両面テープ（1で付けたもの）で固定。内側と底は、布を折り込みマスキングテープで貼る。

3 箱のフタを使い底板を作る

フタを上面の5㎜内側で切り出し、箱の中に収まる大きさの板を作る。板よりひとまわり大きいサイズにカットしたリメイクシートを貼り付け、底板にする。これで多少の水滴や汚れを防止できる。

布選びはお好みですが、規則的な柄を選ぶと裁断の際、曲がらず簡単。取っ手の素材との相性も楽しんで。

さまざまな多肉植物が整列する姿もかわいい。防水ではないので水やり時は注意。

4 箱の底にリメイクシートを貼る

箱の底に、ひとまわり小さく切ったリメイクシートを貼る。2で布の端を留めたマスキングテープが付いたまま、上からかぶせて貼ってよい。シワにならないよう、手を添え少しずつ貼り進める。

5 箱の中に入れる鉢ホルダーを作る

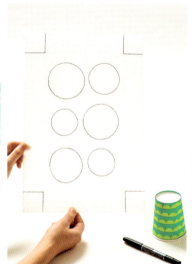

プラスチックダンボールを、縦横ともに〈箱の内寸+高さ〉の長方形に切り出し、その四隅は〈高さ×1/2〉の正方形で切り取る。鉢を入れる穴は、隣同士が1cm以上近づかないようにコップで型をとり、慎重に切り抜く。

6 鉢ホルダーに布を貼る

布を、鉢ホルダーの周囲+2.5cmの形で切り出す。これを、まんべんなくボンドを塗った鉢ホルダーと貼り合わせる。反対表面の4辺には両面テープを貼り、周囲に余った布を折り込みながら留めていく。

TOPICS

簡単！多肉植物の ふやし方

多肉植物の魅力のひとつは、簡単に ふやせること。ここでは一般的な殖 やし方2つをご紹介。気候のよい春 か秋に行うのがおすすめです。

1枚の葉でふやす「葉ざし」
乾いた土に葉を置いておけば、根 や新芽が出現。作業中に落ちた葉 でもOKです。発根まで水やりは 厳禁。

さし穂でふやす「さし芽」
親株から穂を切り、風通しのよい 日陰で数日切り口を乾かし、土に 植えます。こちらも発根まで水は 控えて。

7 布に穴を開ける

ボンドが完全に乾いたら、円の内 側1cmほどの生地を残して、布を 切り取る。残った生地に1cm間隔 で切り込みを入れ、鉢ホルダーの 裏側へ折り込み、セロテープで貼 って、きれいな穴状に整える。

8 鉢ホルダーの裏にも リメイクシートを貼る

鉢ホルダーの裏面すべてに、ひと まわり小さいサイズに切ったリメ イクシートを貼る。こうすること で、セロテープの処理などを隠す ことができる。これで鉢ホルダー の両面が完成。側面を折り、箱の 中にセットする。

9 革テープの取っ手を 付けて、完成

約12cmに切った革テープを2本用 意し、両端からそれぞれ1.5cmの 場所にきりで穴をあける。箱にも これを付けるための穴をあけ、割 リピンで留める。穴の間隔は約 9.5cm、高さは自分の持ちやすい 所に合わせて。

四季を楽しむ
かんたんリース

SPRING
春のリース

パステルカラーの
クオーターリース

制作時間 **40分**
作り方 **P.80**

フレッシュカラーの素材を4分の1ずつレイアウト。かわいらしい色もスッキリとまとまるリースです。花を生けることができる、小さな隠し技もポイント。

SUMMER
夏のリース

ラフィアとフルーツの
ドライリース

制作時間 **40分**
作り方 **P.82**

ラフィアとドライ素材が涼しげなデザイン。紙をまるめてリース台から手作り。ラフィアを巻いたり素材を付けたり、お子さんも一緒にできるリースです。

AUTUMN

秋のリース

実りの秋の
スワッグリース

制作時間 **40分**
作り方 P.84

あたたかみを添える色や素材を
集めて、束ねただけのスワッグ
タイプ。毛糸とリネンテープを
やわらかいリボン型に結ぶコツ
もご紹介します。

WINTER
冬のリース

冬を彩る
プレゼントリース

制作時間 60分

作り方 P.86

家族だんらんのときが似合うクリスマスリース。ふわふわコットンと一緒に付けたのは、本物のチョコレートやキャンディ！ワクワクのクリスマスリースです。

春のリース

プリザーブド素材に生花を散りばめ、繊細なイメージに。庭に咲く春の野花を生かせます。

材料（仕上がりサイズφ約24㎝）

プリザーブドのアジサイ：今回は大きめ1房
プリザーブドのソフトツゲ：今回は1枝
柳のリース台：φ約20㎝、100円ショップで購入可能
タッセル：クラフトショップなどで購入可能　1
ミニガラス瓶：高さ約4㎝　2
細めのワイヤー
生花適量：ガラス瓶に飾る用、今回はビオラ

道具

グルーガン 3
はさみ

作り方

1 花材切り分ける

アジサイは直径4〜7㎝の大きさの房に、ソフトツゲは7㎝ほどの長さに分けて切る。

2 素材のレイアウトを決める

中央にリース台を置き、その周りを1/4ずつ区切ってレイアウトを決める。

3 ソフトツゲを付ける

まずソフトツゲを付けていく。リース台にパール大のグルーを出し、枝元を留めるように付けると、葉先に動きが出てうまくいく。グルーの付いた枝元を隠すように、次のソフトツゲを重ねていく。

4 アジサイを付ける

次にアジサイを付ける。リース台にパール大のグルーを出し、茎を挿すように房ごと付けていく。リース台が見えない程度のボリュームで。

5 ガラス瓶をくくりつける

ミニガラス瓶の口にワイヤーを2,3度回して留め、そのワイヤーをリース台にくくって、ねじって留める。アジサイの房に隠すように裏から留め、目立たせない。生花が入るのを想像し、アクセントになる位置に。

6 タッセルを結ぶ

リース台の底部にタッセルを結ぶ。花材と同系色や、落ち着いた色を選ぶと、まとまりよく上品に仕上がる。

7 生花を小瓶に飾る

リースを壁に掛けてから、ガラス瓶に水を入れ、生花を飾っていく。水を入れる際は、スポイト状の水差しを使うとよい。水を捨てるときは、リースを濡らさないよう注意して。

夏のリース

不要な紙を再利用したエコ仕様。
素材をスッキリまとめた、軽くて
シンプルなリースです。

材料（仕上がりサイズ φ約20cm）

不要なチラシやプリントなど：
B4程度の大きさ、6枚
ラフィア：今回は半束ほど
ドライのスライスフルーツ適量
ローリエ適量
造花のアジサイ適量
細めのワイヤー

道具

セロテープ
マスキングテープ
はさみ
ラジオペンチ

作り方

1 リース台作りの準備

紙を手でくしゃくしゃに揉み、柔らかくして
から、棒状にまとめる。これを6本作る。

2 リースの形に整える

棒状にまとめた紙2本の両端をセロテープで
繋ぎ、円にする。繋ぎ目を隠すように紙を重
ね、6本すべてを使い、太さφ5cmくらいま
で太らせる。

3 ラフィアを巻きつける

2にラフィアを巻く。ラフィアは3〜4本取
りにし、土台の紙が見えないよう、隙間なく
巻くように注意する。始点がずれないように
マスキングテープで留めると巻きやすい（写
真4参照）。

4 紙が隠れるまで
ラフィアを巻く

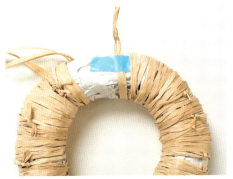

ラフィアが足りなくなってきたら、新たに3〜4本取りしたラフィアを結んで繋いでいく。このとき結び目は表から見えないよう短く切って、裏面のみに。

6 ローリエや造花で
デコレーション

ローリエを、フルーツの下にもぐらせるようにしてラフィアに挿す。造花のアジサイは約5〜8cmに切り分け、ローリエ同様に挿していく。

5 ドライフルーツを付ける

ドライフルーツにワイヤーを通し、リース台にくくり付ける。あらかじめ複数の素材をまとめてから一緒に付けることも可能。アシンメトリーに付けるとまとまりよく仕上がる。

7 吊るす紐を取りつけて完成

ラフィアを約40〜50cmに切って両端を結び、輪を作る。リースの上部に通し、結び目を輪にくぐらせると、吊るすときのループになる。

秋のリース

毛糸の蝶結びでボリュームを。
ローズヒップのほか、サンキライ
など季節の実ものを使っても。

材料（仕上がりサイズφ約20cm、長さ約40cm）

柳のリース台：φ約20cm、100円ショップで購入可能
プリザーブドのユーカリ：黄色2本 **1**
ドライのローズヒップの枝：長さ約40cm一束 **1**
リネンテープ：今回は約70cmを2本 **2**
ロービングヤーンの極太毛糸：今回は1mを2本 **3**
細めのワイヤー **4**

道具

はさみ
枝切りばさみ
ラジオペンチ

作り方

1 枝をしっかり束ねる

プリザーブドのユーカリ、ドライのローズヒップの枝を束ね、枝元をワイヤーで巻いて留める。本数は10本程度が目安。枝の向きや長さがそろいすぎないよう注意しながら、落ちないようきつめに巻いて。

2 リース台に束をくくりつける

束の枝元にワイヤーを2周させ、リース台の上部に付ける。ワイヤーの片方をリースの上から、もう片方を下からくぐらせ、裏できつくねじるときれいに留まる。余分なワイヤーは切り、先端は折り込んで隠す。

3 リネンテープと毛糸で縛る

リネンテープと極太毛糸、それぞれ1本ずつを一緒にして、2でリースと束をくくりつけた部分に一度縛る。この結び目が多重の蝶結びの支点となる。

5 多重の蝶結びを作る

4をそのままの形で3の結び目の上に置き、3の両端（写真★）で4の上から蝶結びをする。結び終えたら、形を整え毛糸の端が長すぎるようなら切る。

4 蝶結び用の輪を作る

残りのリネンテープと極太毛糸で、軽く輪を作る。

6 枝先を整える

最後に、2でリース台にくくりつけた束の枝先を枝切りばさみで切りそろえて完成させる。すべての枝が一直線にそろいすぎると不自然なので、向きや長さを多少ランダムにするとよい。

冬のリース

素材はすべて、ワイヤーでリース台に付けるだけ。クリスマスになったら、お菓子をはずしてみんなで食べる楽しみも。

材料（仕上がりサイズφ約20〜25cm）

市販のクリスマス用リース：ヒバやモミなどのフェイク。今回はφ約25cmのヒバ
ドライのコットン：枝付きの場合は枝から切り離す。今回は3個 ①
まつぼっくり：今回は3個
細めの紐：お菓子で使われている色にするなど色の統一感を出すとよい ②
細めのワイヤー
※以下のお菓子は好みのもので可。ただし、大きさに差があるものを選ぶ。
星型のチョコレート：今回は4個 ③
スクエア型のチョコレート：今回は約3cm角のもの8〜10枚
キャンディ：φ1.5cm未満の小粒のもの、今回は8個

道具

はさみ
マスキングテープ
ラジオペンチ

作り方

1　吊るす紐を付ける

細めの紐を約15〜25cmに切ってリース台の上部に結び付け、吊るす際にひっかけるループにする。

2　パーツにワイヤーを付ける

コットン、まつぼっくり、キャンディなどはワイヤーをくくっておく。チョコレートなど平面状のものは、裏にワイヤーをマスキングテープで留め、軽く曲げておく。スクエア型チョコレートなど薄いものは紐で2つ束ねるとかわいい。

3 コットンをリース台に くくりつける

コットンをトライアングル型にくくりつける。パーツは大きなものから位置を決めると、全体のバランスがとりやすい。数は偶数個より奇数個の方が自然に仕上がる。

4 中サイズの素材も同様に

次に中サイズのパーツを付ける。同じパーツが隣り合わないよう散らして付けていくとバランス良く仕上がる。またリースの形を保つため、葉先ではなく、リース台本体にワイヤーをくくり付けるよう注意。

5 キャンディは葉先に 散らすように

最後に一番小さいパーツを付ける。これはリースの葉先の方に留めてもよい。レイアウトにかたよりできないよう注意しながら、さびしい部分に付け足していって。

6 紐で吊るして完成

1で取りつけた紐で吊るす。くくりつけたパーツの数や重さによって、不安があれば紐を2本取りにしても。ピンもゴールドなど華やかなものを選ぶと完璧。

いつもの場所にプラスオン
部屋別ディスプレイアイデア

特別なスペースがなくても大丈夫。
普段のお部屋に自然となじむ、置き方・飾り方のヒントを紹介します。

ENTRANCE
玄関

家の顔とも言われる玄関。小さなスペースですが、飾り甲斐のある場所です。さりげなく好感度を上げて。

カギと一緒に

かすみ草のポンポン

靴箱の上や飾り棚になんとなく集まる家族のカギ。小さなトレーを敷いてまとめたら、ふわふわとやわらかいポンポンを添えて行き帰りを優しい気持ちに。

→ P50

床にじか置き

**ペンキ缶の
ポットカバー**

靴を脱ぎ履きする場所だから、自然と足元に目が行きます。ペンキ缶なら、汚れても倒しても問題なし。買った鉢を入れるだけで、立派なインテリアになります。

→ P25

ドアノブに

**エアプランツの
スワッグ**

ひっかけるだけで絵になるスワッグ。玄関先で霧吹きをした後は、水分がなじむまでドアノブにかけて。飾りを兼ねたメンテナンス術です。

→ P40

KITCHEN & SANITARY

キッチン&サニタリー

モノが多く生活感が出やすい水まわり。すっきりと飾れる小物で、おしゃれ度を上げつつ爽やかな空間に。

メタルラックやナイフホルダーに

エアプランツのマグネット缶

収納ラックやナイフホルダー、冷蔵庫など、水まわりには磁石の付く所が意外とあります。マグネット缶で作るプランツ入れなら、くっつけるだけの簡単インテリアに。

→ P24

洗面スペースやお手洗いに

アロマボトルフラワー

クリアな清潔感が魅力のボトルフラワー。アロマオイルやポプリをプラスして、香りを高めても素敵です。水がかかっても安心なので飾りやすいアイテムです。

→ P20

キッチンやカウンターに

ミニミニ多肉ボール

シンクまわりやカウンター、ちょっとしたスペースがあれば十分置けるのがこのボール。小皿にまとめれば、愛嬌たっぷり。掃除ときも邪魔になりません。

→ P32

LIVING & DINING

リビング&ダイニング

家族が憩い、お客様をもて
なすメインルーム。自分ら
しく、ワクワクしながら、
ディスプレイを楽しんで

大きめの皿を 水盤にして

プレゼントに添える ミニリース

アイビーは、切ったツルだけでも
長くもつ強い植物。リース状でも
水に浸ければ発根します。贈り物
に添える際には、こんな飾り方＆
育て方もぜひ伝えて。

P8

P6

カーテン アクセサリーに

ナチュラルマグネット

金属製品に付けるだけではあり
ません。裏側からもマグネット
で挟めば、窓辺を彩るアクセサ
リーに。ボタンやスパイスの選
び方次第で、子ども部屋でも楽
しめそう。

P54

ブックスタンドとして

リーフ＆フラワーの コスメケース

本棚の微妙な隙間を埋めながら、
デコレーションしたフタの部分
をしっかり見せてディスプレイ。
フタと本体をテープなどで留め
ておけばより安定して使えま
す。

タッセル代わりに

まつぼっくりのガーランド

まつぼっくりを付けたままカーテンを束ねれば、タッセル代わりに使えます。なにげない無地のカーテンに、ナチュラルなフォーカルポイントを。

→ P30

→ P22

ペンダントランプにも

押し葉シェード

スタンドランプだけでなく、もちろんペンダントライトにも。シェードのサイズに合わせて葉の大きさや数も調整して。食卓やだんらんの場で、秋の雰囲気を楽しめます。

バスケットに引っかけて

→ P12

スワン型のサンキャッチャー

光の入らない場所で使うのも、ひとつのアイデア。バスケットや収納、椅子などに、お気に入りのリボンを使ってかけてみましょう。素敵なアクセントになってくれます。

→ P14

コンソールやテレビ台に

フラワープレート

この一皿だけで、部屋を特別な雰囲気に格上げしてくれるキャンドルたち。壁際の家具の上をスッキリ片づけ飾ってみては。皿「アルミWOBBLYプレートM」￥1,200／アクタス・新宿店

鴨下ふみえ
Fumie Kamoshita

クラフト作家。園芸家。
主婦業のかたわら「誰でも簡単に、でもセンス良く!」をコンセプトにガーデニングと暮らしまわりの手作りアイデアを提案。NHK「趣味の園芸」講師、西武ドーム「国際バラとガーデニングショウ」デザイナーズガーデン担当を経て、現在NHK「あさイチ」出演、雑誌、新聞への寄稿、カルチャースクール講師として活躍するほか、ホームセンター向け園芸商品開発アドバイザーなども行っている。

http://members.jcom.home.ne.jp/kamousa/

身近なグリーンで作る、飾る
インテリア小物&プチアレンジ

2016年6月5日　初版第1刷発行

著者　　鴨下ふみえ
発行者　澤井聖一
発行所　株式会社エクスナレッジ
　　　　〒106-0032　東京都港区六本木 7-2-26
　　　　http://www.xknowledge.co.jp/

問い合わせ先
編集　TEL：03-3403-1381　FAX：03-3403-1345
販売　TEL：03-3403-1321　FAX：03-3403-1829
　　　MAIL：info@xkowledge.co.jp